Daniel EBONDO

Toi, qui es-tu ?

Daniel EBONDO

Toi, qui es-tu ?

(Jean 1, 19)

Éditions Croix du Salut

Imprint

Cover image: www.ingimage.com

Publisher:
Éditions Croix du Salut
is a trademark of
Dodo Books Indian Ocean Ltd. and OmniScriptum S.R.L Publishing group
Str. Armeneasca 28/1, office 1, Chisinau-2012, Republic of Moldova, Europe
Printed at: see last page
ISBN: 978-620-3-84473-3

Toi, Qui es-tu ? *(Jean 1, 19)*

Par le Pasteur Daniel EBONDO
le Champion

Sauf indication contraire, les citations bibliques sont extraites de la Bible Louis Second 1910.

Ce livre est aussi en version anglaise traduit par les professionnels de la langue après sa publication.

SOMMAIRE

SOMMAIRE -- 1

REMERCIEMENT --- 4

INTRODUCTION-- 5

Chapitre I : QU'EST-CE QU'UNE IDENTITE ?----------------------------------- 7

Chapitre II : L'IMPORTANCE DE « QUI ES-TU ? »------------------------- 11

Chapitre III : A LA DECOUVERTE DE TON IDENTITE SELON LE CATALOGUE DE TA VIE, LA BIBLE --- 16

III.1. TU ES LE PÉCHEUR DEJA PARDONNÉ, LIBÉRÉ ET SAUVÉ ---- 16

III.2. TU ES UNE NOUVELLE CRÉATURE---------------------------------- 17

III.3. TU ES L'ENFANT DE DIEU --- 19

III.4. TU L'AMBASSADEUR DU CHRIST SUR TERRE-------------------- 19

III.5. TU ES PLUS QUE VAINQUEUR (LE CHAMPION)------------------ 22

III.6. TU ES LA VOIX COMME JEAN-BAPTISTE -------------------------- 26

III.7. TU ES LE SEL DE LA TERRE ET LA LUMIERE DU MONDE------ 27

III.8. TU ES UN AIGLE,--- 37

III.9. TU ES UNE BREBIS – UNE COLOMBE – SERPENT--------------- 48

1. te décider d'appartenir réellement et exclusivement à Dieu.--------- 48

2. connaître la voix de Dieu et pas celle des mercenaires.------------- 50

3. marcher à Sa suite et accepter être conduit par Lui.----------------- 50

4. *être* remplis d'humilité.-- 51

5. accepter la correction. --- 52

6. ne pas craindre le danger et ne s'inquiéter de rien.------------------- 53

7. se rassasier dans les verts pâturages et ruminer ensuite. ---------- 54

8 demeurer dans le troupeau.-- 54

9. demeurer dans Sa présence tous les jours.------------------------------ 55

10. engendrer des fils pour le Royaume.------------------------------------ 56
III.11. TU ES LA PRUNELLE DE L'ŒIL DE DIEU---------------------------- 56
III.12. TU ES UN JEUNE LION-- 57
III.13. TU ES UN PETIT DIEU --- 60
III.14. TU ES LE TEMPLE DE L'ESPRIT DE DIEU ------------------------- 63
III.15. TU ES L'EPOUSE DU CHRIST--- 63
CONCLUSION-- 65
BIBLIOGRAPHIE --- 67
WEBOGRAPHIE--- 71
AUTRES LIVRES DU MEME AUTEUR--- 72

Cet ouvrage est dédié :

A ma fille,
Yeltancias MULENGA EBONDO Candide,
Qui ne cesse de me répéter,
qu'elle sera « informaticienne » plus que moi son papa,
A vous tous, qui cherchent à découvrir votre identité, sentez-vous être dédié à travers le titre de cet ouvrage.

REMERCIEMENT

J'adresse ma gratitude à Dieu, le Père de mon Seigneur Jésus-Christ, Lui, qui est la source d'inspiration de ce message et qui m'a rendu capable de le mettre par écrit. Qu'à Lui seul la gloire dans tous les siècles, Amen !

A l'entreprise TTM Sarl et son personnel, pour avoir facilement accepté la rédaction, l'édition et la diffusion de tous mes ouvrages, trouver ici ma reconnaissance.

A tout le peuple de Dieu qui bénéficie de mon ministère via les médias sociaux qui constitue pour moi une source d'encouragement.

A tous les champions qui me sont chers, dont je n'ai pas cité les noms, veuillez trouver ici mes remerciements pour tout ce que vous valez pour moi.

INTRODUCTION

Dans toute formation des langues, le premier verbe à étudier est le verbe « ***être*** », qui est suivi du verbe « ***avoir*** ». Car dans la vision des formateurs, c'est de voir les valeurs de leurs apprenants découler de ce « ***qu'ils sont*** » que de ce « ***qu'ils ont*** ».

Toi, Qui es-tu ? Te contenter à répondre à cette question par tes valeurs, celles-ci deviendront comme une loi pour toi, en plus une loi bête et méchante qui te définira et te dictera qui tu dois « être ».

Les belges, qui ont colonisé mon pays, la RDC, ont mal instruit nos parents ; et cette culture est restée dans la vie de tout congolais. Lorsque la question de l'identité dans cette question est posée à un congolais, sa vraie réponse est de te présenter par : ses titres académiques, ses diplômes, ses maisons, ses véhicules, sa femme et voire mêmes ses enfants. Tout ce qu'un congolais pourra donner comme réponse, c'est de ne citer que ses valeurs, mais qui ne font pas de lui, son vrai lui. Car « ***ce n'est pas ce qui est visible qui va définir ce tu es au fond de toi. C'est ce que tu es au fond de toi qui doit jaillir sur ce qui est visible*** ». A cause de ce que les belges nous ont laissé comme comportement, il sera difficile et non impossible que notre pays change ; car mêmes ceux qui deviennent députés au service du pays, ont comme objectif principal, avoir « ***les avoirs*** ». Ils ne visent même pas au changement de leur propre identité ou nature. C'est pourquoi il y a ceux qui pillent et volent, pour finir leur mandat soit exile, soit en prison, soit encore mourir à cause de leur culpabilité après avoir rendu des services loyaux ou déloyaux à cette grande nation. Parce que dès le départ ils ont mal défini leur identité. Qui est la vraie nature profonde de l'homme.

Pour comprendre la vraie nature de la question « ***Qui es-tu ?*** » Nous vous envoyons le découvrir dans le chapitre premier.

Chapitre I : QU'EST-CE QU'UNE IDENTITE ?

Citoyennement parlant, la notion d'identité commence à se préciser lorsqu'il s'agit d'un ensemble d'informations comme :

- Ton prénom, ton nom, tom de famille, ta tribut...
- Ton âge,
- Ton état civil,
- Tes titres et qualités,
- Ton caractère (tes réactions, tes intérêts, tes qualités et tes défauts...)
- Tes attributs physiques (taille, force, ...)
- Tes caractéristiques interpersonnelles comme les rôles sociaux, tes habiletés (artistiques, sportives, intellectuelles, ...)
- Ta connaissance et ta compréhension de tes émotions, ...

« *Une identité est un caractère de ce qui demeure identique à soi-même. De ce qui fait la particularité d'un individu ou d'un groupe. Ce ne sont pas tes avoirs qui marqueront ta particularité*[1] » ; car ce que tu as, l'autre peut aussi l'avoir. Même si vous êtes jumeaux ou jumelles, et vous vous ressemblez fortement, seule

---

[1] Dictionnaire Larousse

l'identité de l'un ou de l'autre marquera sa particularité de tout ce qu'il fait. Déjà scientifiquement parlant, vous serez différent à partir de vos empreintes digitales.

En droit, « ***l'identité est la personnalité civile d'un individu, légalement reconnue ou constatée*** ».[2]

« ***Le verbe avoir ne pourra jamais créer le verbe être*** », seul le verbe être est capable de te procurer les avoirs. C'est pourquoi dans la vie, il faut se battre pour son identité et non pour les avoirs. Change ton identité et tu verras les avoirs suivre ta nouvelle identité. Souvent la bénédiction est liée à ce que l'on est, et non à ce que l'on a.

Je donne toujours cet exemple : « Dans mon Pays, si Mr LOMBE EBONDO était un chômeur, habitait dans une petite maison, en même temps locataire, piéton... Une fois son nom proclamé aux médias qu'il est devenu ministre national ou provincial de la santé ; avant que cette information ne passe aux médias, le gouvernement lui envoie une délégation de policiers comme garde du corps, pour sa sécurité personnelle et celle de sa famille ; l'Etat lui donne une nouvelle maison, un véhicule, puis lui ouvre un nouveau compte bancaire dans lequel on y met un montant qu'il n'a jamais touché avec qu'il devienne ministre, ses enfants sont

---

[2] Dictionnaire Larousse

accompagnés à l'école par la sécurité.... Tout ce que l'Etat fait pour lui, c'est parce que son ancienne identité de chômeur vient de changer en une nouvelle identité, et pas n'importe quelle identité, mais ministre. A cause de sa nouvelle identité, ses enfants deviennent « ***enfants du ministre*** », ses parents « ***parents du ministre*** », sa femme « ***Madame, femme de ministre*** » .... Même son quartier va changer de nom : « ***le quartier où habite le ministre*** », même les habitants de son quartier diront : « ***nous habitons dans le même quartier qu'habite le nouveau ministre de la santé...*** Au-delà de tous ces avantages, on va lui accorder aussi l'immunité ministérielle pendant tout son mandat. » Ainsi, j'appuie cet exemple par la pensée de Dieu, qui s'adresse à Abraham, je ferais de toi une source de bénédiction. Or être source de bénédiction est lié à l'identité de la personne.

Connaissant l'importance de l'Identité plus que celle des avoirs, Jésus-Christ a dit : « ***Cherchez premièrement le royaume et la justice de Dieu; et toutes ces choses vous seront données par-dessus.*** » (Matthieu 6, 33)

Cette question a été posée à Jésus-Christ, à Jean-Baptiste et à plusieurs autres serviteurs de Dieu dans la bible. C'est une question qui relève d'une importance capitale, du fait qu'il réveille en nous une certaine curiosité. C'est pourquoi dans le chapitre suivant, nous développons l'importance de cette question.

Chapitre II : L'IMPORTANCE DE « QUI ES-TU ? »

Cette question est très importante, parce que « ***ce qui fait notre force ce n'est ce que nous avons, mais ce que nous sommes*** ». Qui es-tu ?

Connaitre qui tu es :

- est une première étape de ta délivrance personnelle dans ta vie, la preuve en est que le jour qu'un fou se rendra compte qu'il est fou, c'est ce jour-là qu'il cessera d'être fou.
- est une première étape de son succès ;
- est une solution à tout problème ;
- te permettra de savoir faire un choix par rapport à qui « ***tu es*** » réellement, pas par envi ou par imitation, non plus par influence des autres ;
- est la base de tout mécanisme de tes décisions, car toute décision que tu prendras va t'engager corps, âme et esprit.
- te permettra de choisir quel ami et/ou quels endroits fréquentés.
- si tu ne sais pas qui tu es, tu vivras comme un petit enfant balloté par les autres, comme Paul le confirme dans Ephésiens 4 verset 14 : « ***afin que nous ne soyons plus des enfants, flottants et emportés à tout vent de doctrine, par la tromperie des hommes, par leur ruse dans les***

moyens de séduction, » c'est-à-dire, Vivre sans savoir qui « tu es », sans volonté propre, en se laissant balloter par le va et vient des désirs, est un signe d'immaturité. Donc, la maturité commence lorsque tu deviens conscient de ta propre identité ou de qui tu es réellement.

- Le philosophe Socrate a dit : « ***la première clé de la grandeur est d'être en réalité ce que nous semblons être.***[3] » C'est-à-dire la clé de ta grandeur est cachée dans ton identité.
- Connaitre qui tu es est le meilleur moyen d'assurer ton équilibre et de vivre chaque jour avec plus d'authenticité. Que ton entourage t'accepte ou pas, crois à ton identité, cela aura de l'influence positive dans tout ce que tu feras.
- Scientifiquement parlant, l'identité se forme progressivement, ce n'est qu'aux alentours de 17 à 20 mois que le bébé arrive à reconnaitre sa propre image dans un miroir.
- Seul l'adolescent souffre d'une grande crise d'identité, devient influençable facilement par tout ce qu'il voit ou qu'il l'attire sans sa propre volonté. Alors ne sois pas ou ne vis pas comme un

---

[3] https://histoireetcivilisation.com/2015/05/04/socrate-et-la-construction-de-lidentite/

adolescent, car la sagesse commence lorsque la personne prend conscience de qui elle est.

- Connaitre qui tu es, te permet de te lancer avec justesse, de repousser tes limites, d'ajuster tes objectifs et d'augmenter petit à petit ta confiance ne toi-même.
- Connaitre qui tu es, te permet de te respecter toi-même par toi-même et de te faire respecter par les autres, ce qui augmente ta confiance en toi.
- Connaitre qui tu es, te permet de maitriser facilement toutes tes émotions agréables tout comme désagréables, comme la tristesse, la colère, la frustration,...
- Connaître qui tu es, te permet d'avoir et de créer des relations plus solides avec les autres et cela te poussera toujours à la créativité.
- Connaître qui tu es, te permettra de comprendre comment les autres te voient et comment t'intégrer dans le monde.
- Connaître qui tu es, est une chance de trouver le bonheur et de te sentir complet et comblé, mais pas orgueilleux.
- Connaître qui tu es, te permet de changer facilement et rapidement ton passé. Comment changer le passé qui était désagréable ? C'est en se posant les questions comme : « ***QUE FAIRE POUR***

CHANGER LE PASSÉ ?», «***QU'EST-CE QU'IL FALLAIT FAIRE A LA PLACE DE CE QUE J'AI EU A FAIRE ?*** ». Comment rester dans le passé et s'y enfoncer, c'est en se posant continuellement la question : « ***POURQUOI AI-JE FAIT ÇA ?*** » « ***POURQUOI AVOIR COMMIS TEL OU TEL ACTE ?*** »

- C'est en sachant qui tu es que tu sauras comment te comporter face à n'importe quelle situation de ta vie sur terre.
- Connaitre qui tu es, te garde dans l'humilité, la reconnaissance et l'obéissance à Dieu.

Ton identité constitue l'un des piliers de ton bien-être, car elle regroupe toutes les informations à propos de ce que tu es. Et une bonne façon de comprendre ton téléphone et de bien le manipuler jusqu'à 100% tel qu'il a été fabriqué, c'est de recourir à son fabricant. Or, la bonne façon d'entrer en contact direct avec son fabricant, c'est à travers le catalogue qui accompagne le téléphone, que beaucoup ne lisent jamais. C'est pourquoi ton téléphone restera toujours un mystère pour toi.

Tu veux connaitre « ***qui tu es ?*** », la formule la plus facile, c'est de recourir au catalogue, qui accompagne ta vie dans ce monde ou sur cette terre étrangère, et ce catalogue est « ***la Bible*** ». Elle te permettra de découvrir qui tu es selon la pensée, la vision, le plan et le projet que Dieu a pour toi selon la fondation du monde, et non selon ce que les hommes veulent que tu deviennes.

Pour connaitre qui tu es, selon la pensée de Dieu, allons dans le chapitre suivant.

Chapitre III : A LA DECOUVERTE DE TON IDENTITE SELON LE CATALOGUE DE TA VIE, LA BIBLE

Tout concepteur d'un produit de marque, après la sortie de son produit, il y ajoute toujours un moyen qui permettra à tout consommateur de son produit de comprendre parfaitement comment utiliser son produit tel que lui-même l'avait conçu, et comment le contacter en cas de besoin ou d'urgence. Ce qu'il y met, c'est le catalogue ou Manuel de fabricant. Tout comme Dieu connait très parfaitement chacune de ses créatures, c'est toujours qu'auprès de Lui qu'il faut recourir pour qu'il nous révèle, notre vraie identité par le moyen de son catalogue, la bible.

Dans son catalogue, Dieu nous révèle que :

III.1. TU ES LE PÉCHEUR DEJA PARDONNÉ, LIBÉRÉ ET SAUVÉ

Juste en donnant ta vie au seigneur Jésus-Christ par ta foi, ton ancienne identité change en une nouvelle : « ***tu es un pécheur pardonné, libéré et sauvé en Christ.*** » Tu n'es plus citoyen, ouvrier, chercheur, adulte, adolescent, enfant de tes parents, plus ou moins riche ou pauvre. Rien de tout ça ne te définit plus désormais. Dans ton passé, tu as commis des erreurs, tu as eu à pécher comme il se doit ; mais en te confiant en Jésus-Christ, tu deviens un pécheur pardonné, libéré et sauvé. L'apôtre Paul enfonce le clou dans ce que nous disons par ces mots : « ***Dieu prouve son amour envers nous, en ce que, lorsque nous étions encore des pécheurs, Christ est mort pour nous... maintenant que nous sommes justifiés par son sang, serons-nous sauvés par lui de la colère.*** » (Romains 5, 8-9) « ***a fait la purification des péchés et s'est assis à la droite de la majesté divine dans les lieux très hauts,*** » (Hébreux 1, 3)

Comme tu es pardonné, tu deviens alors reconnaissant envers Dieu , de tout ton cœur, pour ce geste immense d'amour qu'il a pour toi et tu ne désiras plus revivre comme avant, dans le péché, mais travaillant avec Dieu à une vie qui cherche et met en pratique sa volonté à Lui. Faire sa volonté dans tes choix, tes priorités, tes valeurs, tes objectifs, mais aussi tes relations.

Savoir qui tu es devenu, te garde dans la reconnaissance et l'obéissance à Dieu et te libère de l'esclavage des valeurs de ce monde.

III.2. TU ES UNE NOUVELLE CRÉATURE

« ***Si quelqu'un est en Christ, il est une nouvelle créature. Les choses anciennes sont passées; voici, toutes choses sont devenues nouvelles.*** »

(2 Corinthiens 5, 17)

Si tu es né de nouveau, ton identité change, tu es en Jésus-Christ une nouvelle création. Tu as un objectif nouveau, une nouvelle vie, tu sers un nouveau Dieu, tu vis plus comme avant.

Par exemple : « *La jeune fille qui vient de se marier ne doit plus se comporter comme avant, mais elle devient une nouvelle créature : la femme de quelqu'un, plus tard la mère d'un enfant ou des enfants. Elle ne dépendra plus de ses parents, mais de son mari, elle ne jouera plus comme toute jeune fille, mais elle doit réfléchir, se comporter en une femme et en une mère. Le comportement de ces deux nouvelles créatures (homme et femme) va inspirer les autres célibataires à aimer et à envier le mariage ou le haïr.* »

Ne penses plus à ton ancienne vie, n'envisage plus la reprendre, mais vie une nouvelle vie en Christ et dépendant totalement de Lui. La bible enfonce le clou en disant : « ***Ne pensez plus aux événements passés, Et ne considérez plus ce qui est ancien. Voici, je vais faire une chose nouvelle,...*** » (Esaïe 43, 18-19)

Même le diable n'a plus le pouvoir de te rappeler de ta vie passée, s'il arrivait qu'il le fasse, rappelle lui comment sera son futur lorsque Jésus-Christ reviendra : « ***le diable, qui les séduisait, fut jeté dans l'étang de feu et de soufre, où sont la bête et le faux***

prophète. Et ils seront tourmentés jour et nuit, aux siècles des siècles. » (Apocalypse 20, 10)

III.3. TU ES L'ENFANT DE DIEU

Jean 1, 12-13 dit : « ***Mais à tous ceux qui l'ont reçue, à ceux qui croient en son nom, elle a donné le pouvoir de devenir enfants de Dieu, lesquels sont nés, ... de la volonté de Dieu.*** » Galates 3, 26 ajoute : « ***Car vous êtes tous fils de Dieu par la foi en Jésus-Christ;*** » Pour appuyer ces deux versets, Jésus-Christ a dit à ses disciples : « ***Voici donc comment vous devez prier: Notre Père qui es aux cieux!...*** » (Matthieu 6, 9)

Aux cieux nous n'avons pas toujours un Grand Dieu qui puni les pécheurs par le feu et le souffre comme à Sodome et Gomorrhe ; mais nous avons aussi un Père responsable, compatissant, miséricordieux, lent à la colère et riche en bonté. Fais lui confiance et parle Lui comme si tu parlais à un père.

III.4. TU L'AMBASSADEUR DU CHRIST SUR TERRE

2 Corinthiens 5, 20 : « ***Nous faisons donc les fonctions d'ambassadeurs pour Christ, comme si Dieu exhortait par nous; nous vous en supplions au nom de Christ: Soyez réconciliés avec Dieu!*** »

Selon le dictionnaire, un ambassadeur est une personne chargée d'une mission, de la représenter.[4] Un ambassadeur représente son pays dans un pays étranger. Par exemple : l'ambassadeur de l'Italie en RDC, il est citoyen italien mais il vit en RDC pour représenter l'Italie en RDC.

Tout comme toi, tu as une nouvelle identité, celle de l'ambassadeur de Jésus, envoyé par Dieu du ciel à la terre. Tu représentes Jésus sur terre et tu as une mission à accomplir pour le compte du ciel sur la terre, car ta véritable demeure est le ciel.

Ta mission est celle de d'amener d'autres hommes à se réconcilier avec Dieu. Comme nous le confirme 2 Corinthiens 5 verset 18 et 19 : « ***Et tout cela vient de Dieu, qui nous a réconciliés avec lui par Christ, et qui nous a donné le ministère de la réconciliation. Car Dieu était en Christ, réconciliant le monde avec lui-même, en n'imputant point aux hommes leurs offenses, et il a mis en nous la parole de la réconciliation.*** » Tu peux inviter les gens à faire la paix avec Dieu verbalement en parlant de ce que Jésus a déjà réaliser pour eux à travers l'œuvre de la croix et même à travers ton comportement. Pose-toi les questions suivantes : *Quel «* ***Jésus*** *» que le monde voit-il quand il te regarde ? Est-ce qu'il voie un « Jésus » voleur ? Mendiant ?*

---

[4] Dictionnaire Larousse de poche

Tueur ? Prostituée ? Orgueilleux ? Profiteur ou rançonneur des enfants de Dieu ? Ou Jésus qui a déjà oublié sa mission et en train de vivre comme tout le monde sur cette terre étrangère ? Alors, prend une décision de revenir à ta mission.

En tant qu'ambassadeur, tu n'as pas été élu par les gens, mais tu as été choisi et établi par Dieu. Jésus-Christ te dit : « ***Ce n'est pas vous qui m'avez choisi; mais moi, je vous ai choisis, et je vous ai établis, afin que vous alliez, et que vous portiez du fruit, et que votre fruit demeure, ... Si vous étiez du monde, le monde aimerait ce qui est à lui; mais parce que vous n'êtes pas du monde, et que je vous ai choisis du milieu du monde, ...*** » (Jean 15, 16 et 19)

Dieu t'a choisi comme il avait choisi Paul, persécuteur, meurtre, violeur, haïsseur des chrétiens..... Parce qu'il t'a choisi, tu as une nouvelle identité, celle d'ambassadeur du ciel.

En tant qu'ambassadeur, tu ne te représentes jamais toi-même, mais tu représentes toujours Dieu. C'est le cas de Jésus, qui disait toujours : « ***car je suis descendu du ciel pour faire, non ma volonté, mais la volonté de celui qui m'a envoyé.*** » Jésus est venu représenter Dieu sur terre et il n'a pas raté sa mission.

C'est bien d'avoir un ministère, d'être pasteur, mais avant d'avoir un ministère ou d'être pasteur, tu es d'abord ambassadeur de Jésus sur cette terre. Tu représentes Jésus aux gens qui sont autour de toi. Et tu dois faire attention à ta conduite, elle peut prêcher plus que ta parole.

En tant qu'ambassadeur, tu es en train de battre compagne pour Jésus-Christ et son royaume, car à son retour, Il souhaite voir tout le monde être sauvé et enlevé avec Lui.

III.5. TU ES PLUS QUE VAINQUEUR (LE CHAMPION)

« ***Mais dans toutes ces choses nous sommes plus que vainqueurs par celui qui nous a aimés.*** »

(Romains 8, 37)

Dans notre vie, les épreuves ne servent pas seulement à nous tester, mais Elles sont importantes pour le processus d'acquisition de la nature divine.

L'une des raisons pour affronter les épreuves de la vie, c'est de voir si nous ferons tout ce que le Seigneur nous a commandé. Et c'est le cadre idéal pour affronter et réussir ces épreuves.

Les épreuves gérées correctement sont consacrées à notre avantage.

Les épreuves, tout comme les souffrances que nous endurons sont importantes, car elles :

- fortifient notre personnalité,
- nous purifient le cœur,

- nous épanouissent l'âme
- nous rendent plus tendres et plus charitables
- réveillent en nous notre vraie nature ou identité, que moi j'appelle « ***le champion*** », une nouvelle capacité ...

N'attends pas que tu sois taillé par les souffrances, afin de découvrir ta vraie identité, elles sont dures à supporter. Imagine-toi, même ceux qui s'efforcent de faire ce qui est juste, devant les épreuves et les souffrances finissent par se demander : « ***Pourquoi moi ? Pourquoi le Seigneur permet-il que cela se produise dans ma vie?*** » Retiens que La fournaise aide à purifier même les meilleurs saints en consumant les impuretés de leur vie et en ne laissant que de l'or pur. Et même le minerai le plus riche a besoin d'être raffiné pour éliminer les impuretés. Pierre nous dit : « ***afin que l'épreuve de votre foi, plus précieuse que l'or périssable (qui cependant est éprouvé par le feu), ait pour résultat la louange, la gloire et l'honneur, lorsque Jésus-Christ apparaîtra,*** » (1 Pierre 1, 7).

Les mères savent que les difficultés de l'accouchement précèdent le miracle de la naissance. Maintes fois, nous voyons de merveilleuses bénédictions arrivent souvent après de grandes épreuves. La bible le confirme dans le livre de Jacques 1 verset 12 : « ***Heureux l'homme qui supporte patiemment la tentation; car,***

après avoir été éprouvé, il recevra la couronne de vie, que le Seigneur a promise à ceux qui l'aiment. »

Quand on est au milieu des problèmes, il est quasiment impossible de voir que les bénédictions à venir sont de loin plus importantes que la souffrance, l'humiliation ou le chagrin que nous pouvons ressentir à ce moment-là.

Au moment où son ministère terrestre s'achevait, le Sauveur connut la plus grande épreuve de tous les temps : la souffrance incroyable à Gethsémané et à la montagne de Golgotha. Cela précéda la résurrection glorieuse et la promesse qu'un jour toutes nos souffrances prendront une fin.

Les épreuves sont comparées à l'entrainement d'un athlète. Si un athlète refuse de s'entrainer rigoureusement, il n'atteindra jamais le niveau mondial. Les épreuves nous font progresser. Et aucune des épreuves ou des tribulations que nous affrontons n'est au-delà de nos capacités parce que nous avons accès à l'aide du Seigneur. La bible dit : « ***vous ne pouvez pas être tenté au-delà de vos efforts*** »

Un jour, lorsque nous serons de l'autre côté du voile, nous voudrons entendre plus qu'une simple phrase : « ***Eh bien, tu as fini.*** » Nous voudrons plutôt entendre le Seigneur nous dire : « **C'est bien, bon et fidèle serviteur.** » (Matthieu 25, 21 et 23)

Beaucoup pensent que lorsqu'ils passent dans la tribulation, Dieu les a déjà abandonné et ne les aime pas. Mais Paul dit : « ***Qui nous séparera de l'amour du Christ ? Sera-ce la tribulation, ou l'angoisse, ou la persécution, ou la faim, ou la nudité, ou le péril, ou l'épée ?..Mais dans toutes ces choses nous sommes plus que vainqueurs par celui qui nous a aimés.*** » Rien ne peut empêcher Dieu de continuer à t'aimer. D'ailleurs, le moment dur par lequel tu traverses, c'est ce moment-là que Dieu ressoude de s'approcher davantage de toi. Comme une épouse qui tombe malade, l'époux n'a pas beaucoup de temps à passer en dehors de chez lui, il est toujours proche de son épouse pour lui rendre davantage service jusqu'à ce qu'elle reprendra sa bonne santé. Qu'est-ce que Dieu gagne en te laissant souffrir ?

Tu es plus que vainqueur, parce Dieu t'aime par son Fils unique, le Seigneur Jésus-Christ.

COMMENT GARDER CONTINUELLEMENT LA VIE DE « PLUS QUE VAINQUEUR ? »

- Il te faut comprendre que **la victoire a déjà été acquise** par le Seigneur Jésus-Christ et nous devons tout simplement l'appliquer dans notre vie *(2 Corinthiens 2,14 ; 1 Corinthiens 15, 57; Philippiens 4, 13).*

- Il te faut **confesser cette victoire** AVANT de la posséder. Dans la Bible, il y a de nombreux exemples de l'importance de nos paroles *(2 Corinthiens 4, 13 ; Matthieu 12, 37 ; 2 Rois 7; 1 Samuel 17, 46).*
- *Il te faut prendre possession de la* **victoire**. Souvent, nous négligeons de prendre possession de ce que Christ a accompli pour nous sur la croix. Même après avoir pris possession du pays promis, Josué était obligé d'exhorter le peuple en leur disant : « ***Jusques à quand négligerez-vous de prendre possession du pays que l'Eternel, le Dieu de vos pères, vous a donné ?*** » (Josué 18, 3)

Enfin, souvenons-nous de ces paroles d'exhortation : « ***Nous désirons que chacun de vous montre le même zèle pour conserver jusqu'à la fin une pleine espérance, en sorte que vous ne vous relâchiez point, et que vous imitiez ceux qui, par la foi et la persévérance, héritent des promesses.*** » (Hébreux 6 : 11-12)

III.6. TU ES LA VOIX COMME JEAN-BAPTISTE

« ***Jean est celui qui avait été annoncé par Ésaïe, le prophète, lorsqu'il dit: C'est ici la voix de celui qui***

crie dans le désert: Préparez le chemin du Seigneur, Aplanissez ses sentiers. » (Matthieu 3, 3)

Tu es aussi la bouche autorisée de Dieu. A travers de toi, Dieu peut ordonner, Il peut consoler, Il peut bénir, Il peut guérir...

III.7. TU ES LE SEL DE LA TERRE ET LA LUMIERE DU MONDE

« ***Vous êtes le sel de la terre. Mais si le sel perd sa saveur, avec quoi la lui rendra-t-on? Il ne sert plus qu'à être jeté dehors, et foulé aux pieds par les hommes.*** » (Matthieu 5, 13)

« ***Vous êtes la lumière du monde. Une ville située sur une montagne ne peut être cachée; et on n'allume pas une lampe pour la mettre sous le boisseau, mais on la met sur le chandelier, et elle éclaire tous ceux qui sont dans la maison. Que votre lumière luise ainsi devant les hommes, afin qu'ils voient vos bonnes œuvres, et qu'ils glorifient votre Père qui est dans les cieux.*** » (Matthieu 5, 14-16)

Le Seigneur affirme que nous sommes le sel de la terre, cela ne demande pas l'avis des autres. C'est une affirmation.

Le sel avait une grande valeur à l'époque de Christ. Sans sel personne ne pouvait vivre.

Lorsqu'un traité était signé, il est dit que les parties engagées suçaient des grains de sel. Ils entraient ainsi dans l'alliance de sel.

« ***Je te donne, à toi, à tes fils et à tes filles avec toi par une loi perpétuelle, toutes les offrandes saintes que les enfants d'Israël présenteront à l'Eternel par élévation. C'est une alliance inviolable et à perpétuité devant l'Eternel, pour toi et pour ta postérité avec toi.*** » (Nombres 18, 19)

L'alliance inviolable dont parle ce récit, c'est une alliance de sel. C'est le contrat entre Dieu, Aaron et les lévites.

LE SEL TENAIT LIEU DE SALAIRE EN NATURE.

La bible l'affirme par ces mots : « ***Ne devez-vous pas savoir que l'Eternel, le Dieu d'Israël, a donné pour toujours à David la royauté sur Israël, à lui et à ses fils, par une alliance de sel.*** » (2 Chroniques 13, 5)

En Israël, dès l'instant que l'alliance de sel a été faite, rien ne peut la modifier ; c'est pourquoi, on l'appelle inviolable.

Lorsque Jésus nous dit que nous sommes le sel de la terre, il nous montre que nous faisons partie intégrante de cette alliance inviolable.

La bible continue en disant : « ***Or, comme nous mangeons le sel du palais et qu'il ne nous parait pas convenable de voir mépriser le roi, nous envoyons au roi ces informations.*** » (Esdras 4, 14)

L'expression « ***manger le sel du palais*** » ou « ***manger le sel de quelqu'un*** » signifie : « ***Être attaché à la maison de quelqu'un.*** »

Lorsque quelqu'un « ***mange de nous*** » il s'attache à notre maison. Cela peut demander du temps, mais s'il continue d'être à notre contact cela se fera. Tout comme celui qui mange la sainte cène, s'attache avec le corps du Christ et s'attache aussi aux membres avec qui il partage ce bon moment.

C'est pourquoi, il n'est pas important de manger dans toutes les maisons et à toutes les fêtes, au risque de partager les mêmes alliances que partagent les membres de la famille de ladite maison.

La bible ajoute un autre élément sur le sel : « ***A ta naissance, au jour où tu naquis, ton cordon n'a pas été coupé, tu n'as pas été lavée dans l'eau pour être purifiée, tu n'as pas été frottée avec du sel, tu n'as pas été enveloppée dans des langes.*** » (Ezéchiel 16, 4)

De ce récit, il s'agit de Jérusalem, mais dans l'ancien temps, les nouveaux nés étaient frottés avec du sel pour éloigner les mauvais esprits, les démons.

En tant que sel de la terre, les nouveaux nés spirituels seront protégés alors qu'ils recherchent notre contact, notre présence. Depuis sa résurrection d'entre les morts, le nom de Jésus-Christ est déjà comparable au sel qui chasse les démons, les esprits impurs, ...

A) LES CARACTERISTIQUES DU SEL DANS LA VIE COURANTE

LE SEL DONNE DE LA SAVEUR :

Ayant une nouvelle identité en Christ, nous apportons la saveur de Dieu au monde, à la vie, à notre entourage.

Sans sel, les aliments sont fades. Ne dit-on pas croquer la vie à pleines dents, Notre présence, si nous avons gardé toute notre saveur, doit redonner espoir à ceux qui nous entourent.

Nous devons donner envie de goûter à la vie en Christ à notre entourage. Non pas en abaissant notre façon de vivre à leur niveau mais justement en gardant et appliquant l'évangile tel qu'il est. Ainsi nous gardons toute la saveur de Dieu.

LE SEL PRESERVE DE LA CORRUPTION ET CONSERVE LES ALIMENTS :

« ***Nous sommes en effet, pour Dieu le parfum (bonne odeur) de Christ, parmi ceux qui sont sauvés et parmi ceux qui périssent : aux uns, une odeur de mort, donnant la mort : aux autres une odeur de vie, donnant la vie. Et qui est suffisant pour ces choses. Car nous ne falsifions point la Parole de Dieu, comme font plusieurs ; mais c'est avec sincérité, mais c'est de la part de Dieu que nous parlons en Christ devant Dieu.*** » (2 Corinthiens 2, 15-17)

En tant que disciple de Christ, nous devons préserver la Parole de Dieu qui est notre aliment principal et nous devons la conserver intact. Nous devons la chérir dans notre cœur. Ne la pervertissons pas, ne la déformons pas dans le but de plaire aux autres en lui faisant dire ce qu'ils aimeraient entendre. Ne la falsifions pas dans le but de justifier une parole prononcée ou une action faite, mais apportons là comme Dieu nous l'a donnée pour qu'elle puisse toujours faire son œuvre de vie en nous et notre entourage.

Nous devons accepter d'être de ceux qui ne seront peut-être pas toujours aimés, mais qui savent au fond d'eux qu'ils sont restés les porte-parole et les trompettes de Dieu.

La bible ajoute : « ***Que votre parole soit toujours accompagnée de grâce, assaisonnée de sel, afin que vous sachiez comment il faut répondre à chacun*** » (Colossiens 4, 6)

Dieu nous demande d'être sages, sincères, vrais, droits afin de laisser un impact positif sur notre entourage. Que notre parole mais aussi notre façon de vivre produise la vie et non la mort.

LE SEL DONNE SOIF

A force de manger les aliments salés, nous avons toujours besoin d'atténuer cela par de l'eau. D'où, les gens à notre contact doivent avoir plus la soif de connaitre ce que nous avons. Ils voudront s'abreuver à la source du salut.

Pour cela nous devons accepter d'être au contact du monde sans que le monde nous influence par son comportement mais que nous influençons le monde. Romains 12, 2 ajoute : « ***Ne vous conformez pas au siècle présent, mais soyez transformés par le renouvellement de l'intelligence, afin que vous discerniez quelle est la volonté de Dieu, ce qui est bon, agréable et parfait.*** »

Mais aujourd'hui, les chrétiens se sont permis beaucoup de chose en ajoutant de l'eau à l'évangile, en l'adoucissant afin d'attirer le monde et en perdant ainsi leur identité de chrétien et leur saveur.

LE SEL ABSORBE L'HUMIDITE ET LA RETIENT

En tant que sel, nous devons avoir le désir de nous plonger, nous abreuver de la Parole de Dieu (la méditer, la garder, l'emmagasiner, la chérir)

Très souvent, l'humidité provoque de la moisissure et dégage une mauvaise odeur.

Ta présence doit amener la bonne odeur de Christ, pour que les tâches provoquées par la moisissure disparaissent à ton contact et elle doit ramener l'équilibre là où tu es.

Sois toujours une solution et non un créateur de problèmes partout que tu es.

LE SEL FAIT FONDRE LA GLACE, LA NEIGE

La glace, la neige parlent de la dureté du froid que nous côtoyons dans différentes circonstances de la vie.

Il y a souvent une expression française : « ***Être en froid avec quelqu'un*** », qui signifie : « ***Être en mauvais termes avec elle, être fâché avec la personne en question.*** »[5]

---

[5] https://www.expressions-francaises.fr/expressions-e/2576-etre-en-froid-avec-quelqu-un.html

Alors, nous sommes des instruments de paix, nous devons amener la douceur, la joie, la tempérance, et l'amour dans nos relations.

<u>LE SEL SE CRISTALLISE</u>

Le sel devient un morceau, un corps. Lorsque le peuple de Dieu se réunit, il devient un corps harmonieux de Dieu. Malgré la multiplicité de dons et de ministères parmi eux, il forme un corps, celui du Christ.

<u>LE SEL BRULE ET ATTAQUE LES PEINTURES ET VERNIS</u>

« ***Car c'est la volonté de Dieu qu'en pratiquant le bien vous réduisez au silence les hommes ignorants et insensés, étant libres sans faire de la liberté un voile qui couvre la méchanceté mais agissant comme des serviteurs de Dieu.*** » (1 Pierre 2, 15-16)

Toutes les images, les faux-semblants, les masques tombent et les sentiments sont dévoilés. Ça peut prendre du temps, mais sûrement cela finira par arriver en nous-mêmes et même autour des personnes qui nous entourent au fur et à mesure que nous abreuvons de la parole et elle fait son œuvre en nous.

LE SEL ACCELERE L'OXYDATION DU FER ET LE RONGE.

« ***Ayez au milieu des païens une bonne conduite, afin que, là même où ils vous calomnient comme si vous étiez des malfaiteurs, ils remarquent vos bonnes œuvres, et glorifient Dieu, au jour où il les visitera.*** » (1 Pierre 2, 12)

Si nous agissons comme le sel pour nous en ayant une bonne conduite, en étant un exemple : les cœurs fermés même les plus rebelles s'ouvriront à Dieu. Cela ne se fait pas forcément en un jour car Dieu sait le moment exact de visiter un cœur.

LE SEL CREPITE DANS LE FEU

Nous passerons dans la fournaise de l'épreuve, mais elle ne pourra pas nous anéantir.

Le sel ne perd pas ses propriétés purificatrices, il peut toutefois perdre sa saveur, devenir inutile.

Une personne qui manque de sel peut avoir des crampes, de l'asthénie6 et mourir par déshydratation

Si nous ne continuons pas à marcher dans les voies de Dieu nous perdrons de notre saveur et entrerons

---

[6] Asthénie : « *État de faiblesse générale caractérisé par une diminution du pouvoir fonctionnel de l'organisme, non consécutive au travail ou à l'effort et ne disparaissant pas avec le repos.* »

dans un état de fatigue, d'épuisement, cela ne se fera pas du jour au lendemain mais petit à petit.

Rien ne peut redonner de la saveur au sel.

Dieu a mis tout ce potentiel en nous, mais nous sommes les seuls à pouvoir le faire fructifier, à faire en sorte d'être plein de saveur.

B) VOUS ETES LA LUMIERE DU MONDE

L'image de la lumière renvoie, dans le livre d'Esaïe, à la vocation de Jérusalem, ville lumière placée sur la montagne pour attirer les peuples vers Dieu (Esaïe 60), à la vocation d'Israël, « ***lumière des nations*** » (Esaïe 42, 6 et 49, 6).

Pour les auditeurs juifs de l'évangile, c'est la Loi de Moïse qui est lumière du monde[7]. La comparaison avec la lampe, faite pour être vue, souligne que cette lumineuse attirance constitue un devoir pour nous qui avons la nouvelle identité en Jésus. La lumière ne doit pas être rangée, comme on le faisait dans l'Antiquité de la lampe que l'on remisait dans un petit meuble (le boisseau) lorsqu'elle ne servait pas. Elle doit être visible, éclairer l'extérieur comme l'intérieur. Telle est notre nouvelle vie en Jésus-Christ.

La nature de cette lumière : les bonnes œuvres ou des « ***œuvres de miséricorde*** ». Ainsi dans le Siracide

---

[7] Selon le livre de Sagesse 18 le verset 5 dans la bible de Jérusalem.

: « ***Ceux qui craignent le Seigneur sont justifiés, ils font briller leurs bonnes actions comme une lumière*** ».[8] Il ne s'agit pas ici d'exhiber sa vertu, mais de faire découvrir au monde et aux hommes la lumière qui émane de Dieu et de sa Parole, et qui chasse les ténèbres. C'est à vous de jouer, d'annoncer la venue du Royaume des cieux, de répandre la lumière reçue de Jésus-Christ parmi les hommes.

III.8. TU ES UN AIGLE,

« ***Mais ceux qui se confient en l'Éternel renouvellent leur force. Ils prennent le vol comme les aigles; Ils courent, et ne se lassent point, Ils marchent, et ne se fatiguent point.*** »

(Esaïe 40, 31)

« ***C'est lui qui rassasie de biens ta vieillesse, Qui te fait rajeunir comme l'aigle.*** »

(Psaumes103, 5)

LES CARACTERISTIQUES DE L'AIGLE[9]

Dans le monde animalier, on retrouve plusieurs races d'aigles, à savoir :

- Aigle Botté,

[8] Siracide 32, 16.

[9] Pasteur Myco Batshika, lasourcedevie@yahoo.fr, Publié par Pasteur Jeff KABISOSO à 15:34 sur son blog

- Aigle Criard,
- Aigle Tyran,
- Aigle Pêcheur, appelé aussi Balbuzard Pêcheur,
- Aigle Circaète,
- Aigle Ravisseur,
- Aigle Royal,
- Aigle Couronné...

Malgré toutes ces races, mais l'aigle présente les mêmes caractéristiques et symbolise la même chose, sauf quelques détails pour chacune de ces races.

L'aigle symbolise :

- La capacité,
- La force,
- La puissance,
- La stabilité,
- La maintenance,
- L'endurance
- La persévérance,
- ...

Tel est le symbole de la vie de tout celui qui obtient une nouvelle identité en croyant au seigneur Jésus-Christ.

Voici ces quelques caractéristiques de tout aigle :

1. L'AIGLE VOL TRES HAUT

Contrairement aux autres oiseaux, l'aigle est un oiseau qui vol très haut. Le Seigneur t'exhorte à prendre le vol comme l'aigle, cela veut dire, dans ta marche avec lui, tu dois aller très loin et ne pas rester superficiel comme beaucoup des chrétiens. C'est sa nature qui le pousse à voler ainsi. Le chrétien aigle se conduit ainsi. Il est en instance et constance relation avec Dieu pour lui communiquer sa vision. Ses pensées sont tournées au ciel.

Si tu n'arrives pas à aller très loin avec le Seigneur, le jour il y aura un petit problème dans ta vie, soit même dans l'église, tu abandonneras la vie chrétienne.

2. L´AIGLE EST UN OISEAU QUI VOLE SEUL

C´est le seul oiseau qui ne vole pas en groupe, mais qui évolue seul. C'est comme ça que doit se comporter tout chrétien aigle. Il doit être solitaire, ne passe pas beaucoup de temps avec les hommes mais avec Dieu. Souvent quand Dieu voudra faire avec toi quelque chose d´exceptionnel, il te séparera des gens qui t´encombrent afin que tu atteignes ta destinée. Nous le voyons avec Noé, seul à avoir reçu de Dieu la révélation du déluge, seul dans la construction de l´arche pendant que les autres se moquaient de lui, mais la fin a été le succès avec Dieu. Nous voyons Abraham. Seul, il se sépara de la maison de son père, seul il se décida d´aller où Dieu lui montra.

Si tu veux aller loin, évoluer au-delà de l´ordinaire, atteindre des sommets dans ce que tu fais, il faut apprendre parfois à rester seul. Avoir la capacité de sortir de la foule, la capacité d´aller à l´encontre d´une pensée majoritaire quand on pense être sur le bon chemin.

Il y a des gens qui ne vivent qu´avec les opinions des autres. Ils sont incapables de prendre des décisions impopulaires. La peur de se séparer des autres faits que la personne ne sait pas aller loin avec Dieu. Il y a un temps pour être avec les autres, mais il y a aussi un temps où il faut se séparer des autres. Jésus a été avec les disciples, mais il y a eu un temps où il devait se séparer de ses disciples, pour atteindre sa destinée, pour atteindre la croix, il fallait qu´il soit SEUL. Il arrivera un moment où ta famille, tes proches, les tiens ne peuvent pas comprendre où Dieu veut te mener, vers quel succès Dieu veut te propulser. Ils seront incapables à comprendre tes prises de position et il sera difficile de les expliquer. Mais seul, toi, pour avoir reçu dans tes prières, dans le secret de Dieu, les directives, il te faudra te séparer avec, pour atteindre ta destinée. ETRE SEUL spirituellement, ne veux pas dire forcément se séparer physiquement des autres; quoique cela puisse aller jusque-là. De la même manière il y a des hommes dans la foule qui sont solitaire, de la même manière on peut demeurer ensemble avec les autres mais en ayant sa propre vision de sa destinée, en étant spirituellement Seul.

3. L'AIGLE PREND SOIN DE SES PETITS ET LES ENTRAINENT À AGIR SEUL

Pareil à l'aigle qui éveille sa couvée, Voltige sur ses petits, Déploie ses ailes, les prend, Les portes sur ses plumes.

L'un des éléments qui empêche les églises à évoluer, c'est le refus d'encourager ses adeptes à aller plus loin avec l'œuvre du seigneur. On les bloque, on les étouffe même.

4. L´AIGLE A UNE VISION TRES PUISSANTE

Comparativement à l´homme, l´aigle voit sept fois plus, il perçoit même des détails à des kilomètres. Il voit très loin, il parvient à voir ce qui est caché aux autres. Ainsi est tout homme qui se confie en Dieu, rien ne lui est caché, il reçoit des visions divines, il entre dans le secret de Dieu et devient par conséquent le dépositaire des secrets de Dieu.

Soyons des chrétiens aigles ; des dépositaires des secrets de Dieu. L'attente à Dieu ou la confiance en Dieu fait pénétrer le domaine des choses invisibles. Si tu veux aller loin avec le Seigneur et accomplir ta destinée, il faut avoir la vision de l´aigle. C'est à dire avoir la capacité de se fixer un but et de s´y focaliser. Il s´agit là de la vision que l´on peut avoir de sa propre vie. « ***Quel est ton but et quels sont les moyens pour l'atteindre, car Christ a eu pour but la croix.*** » Le diable n´a pas su l´en détourner, les apôtres à l´image de Pierre, n´ont pas su l´en détourner, le supplice de la croix n´a pas su l´en détourner.

Il est allé jusqu´à la mort à la croix pour le salut de l´humanité. Ainsi, toi, aussi, comme l´aigle focalise ta vision sur un objectif même lointain. Donnes toi les moyens et ne te décourage pas, et cet alors que tu réussiras.

5. L´AIGLE EPROUVE AVANT DE FAIRE CONFIANCE

L´aigle est un oiseau qui observe, guette, analyse, avant d´engager une action. Et particulièrement la femelle aigle. Quand un aigle mâle la courtise, elle met celui-ci à l´épreuve, avant d´accepter sa compagnie. Elle descend, prend un brin d´arbre, remonte. Et durant tout ce trajet le mâle la suit. En remontant, elle lâche en vol le brin que doit rattraper le mâle. C´est là son test. Elle le fait plusieurs fois en augmentant le poids du brin. Et si le mâle jusqu´au dernier brin, qui a un poids presque équivalent au poids de la femelle, arrive à rattraper le brin en vol, alors seulement, celui-ci devient le compagnon. Car il a été éprouvé, et la femelle sait qu´elle peut y placer sa confiance. La bible nous dit dans le livre de Jérémie 17 verset 5 : « ***Maudit soit l'homme qui se confie à l'homme.*** »

Quand on est en face de quelqu´un, même se disant frère en Christ, il faut l´éprouver. Ne place pas ta confiance en n´importe qui. Surtout les jeunes filles, ne donnez pas vos cœurs à n´importe quel garçon pour le mariage : ***éprouver-le***.

Même par rapport aux personnes qui se déclarent être Serviteurs de Dieu, servantes de Dieu. Il y a ceux qui verront cela d'un mauvais œil, mais cela est biblique.

6. L'AIGLE EXPLOITE LA TEMPETE

Quand souffle le vent, une forte tempête, tous les oiseaux ont tendance à fuir et aller se cacher dans leurs nids. Mais le comportement de l´aigle est fort différent. L´aigle cherche le noyau de ce courant aérien.

Dans cet exercice, où il perce le vent pour arriver à atteindre le noyau de la tempête, une fois le noyau trouvé, il déploie ses ailes, ce qui lui permet de s´élever encore plus haut, voir au-dessus du courant de la tempête. Il se sert de la tempête pour se propulser. Ce qui était pour lui un défi, devient une opportunité, d´abord de formation, puis enfin de propulsion. Il découvre, ainsi ce que Dieu a placé en lui comme potentiels. D'où, le chrétien doit apprendre à transformer les obstacles les défis en opportunités. Tout défi est une occasion que Dieu nous donne pour découvrir ce qui est en nous, à ressortir ce que Dieu a placé en nous comme potentiel. Il y a de ses qualités que tu ne découvriras que dans l´oppression, du chômage, de la disette, des attaques spirituelles. Ces circonstances qui devraient te nuire, tu es capable de les changer en circonstances d´édification et de propulsion. Mais en temps normal, il est difficile de découvrir ces potentiels. C´est quand arrivent les défis, c´est là où ces potentiels sont convertis en ressources profitables à toi, aux autres et à l´église.

Par moment, ce défi réveille en nous notre vraie identité. Ainsi, il faut savoir que chaque fois que se présente à toi un problème, Dieu a déjà placé en toi le potentiel de la solution. Soit comme l`aigle, la tempête est par définition mauvaise, mais l´aigle l´exploite pour atteindre des horizons meilleurs.

7. L'AIGLE PLANE ET SE LAISSE GUIDER PAR LE VENT

Apres avoir été propulsé par le vent de la tempête, l'Aigle se laisse guider par le vent. Il suit la direction du vent. Ainsi, un vrai chrétien doit se laisser conduire par le vent du Saint Esprit. Comme le peuple de Dieu dans le désert suivait la direction de la colonne de feu ou de la colonne de nué et Quand celle-ci (la colonne) s'arrêtait, il arrêtait aussi leur marche. Combien d'enfant de Dieu et même des serviteurs de Dieu se sont égarés simplement parce qu'ils n'ont pas suivi la direction du Saint Esprit ?

Une fois ta vraie identité découverte, laisse-toi orienté par la source de ta nouvelle identité, le Saint-Esprit.

8. L'AIGLE S´ENTRAÎNE CONTINUELLEMENT DURANT TOUTE SA VIE

Nous avons vu ce que l´aigle fait face à une tempête de vent. Et parfois, même quand il n´y a pas des vents, l´aigle fait des pirouettes dans ses voltiges, juste pour évaluer sa portée de vol et ses accélérations. Un chrétien doit comprendre que ce qu´il gagne en enseignement, en comportement, en connaissance pendant de moments paisibles, peuvent être exploitables en temps difficiles. Prenons l'exemple de David, qui un jour avait combattu un lion et un autre jour l'ours, avant de combattre Goliath.

Sache que les mêmes entrainements que tu fais aujourd'hui sous un ciel inconnu sans en bénéficier, te permettront un jour de vivre la gloire, lorsque le seigneur changera le podium sous un autre ciel.

9. L'AIGLE SE RAJEUNIT SANS CESSE

Il se retire sur une montagne quand il vieillit où il se déplume et taille son bec. Il ne pourra réapparaître que quand il aura des nouvelles plumes. Ainsi la discipline d'un chrétien aigle, que tu es déjà devenu en Christ, c'est quelqu'un qui a appris à fermer la porte derrière soi, afin de se retirer pour se mortifier.

Il sait qu'une vie de discipline apporte le succès. Les chrétiens aigles sont très rares à cause de l'entraînement rigoureux.

Dans la vie chrétienne, il n'y a pas d'ancien combattant, pas des pensionnés, il n'y a pas non plus de vacances. L'enfant de Dieu doit à tout moment exercer ses doigts à la bataille et ses mains au combat par beaucoup des prières, jeunes, retraite. Il doit développer une vie de totale consécration à Dieu.

10. L'AIGLE A UN BEC POINTU ET DES ONGLES EFFICACES

Le bec pointu, c'est la bouche puissante, autoritaire, et convaincante du chrétien aigle, qui n'ouvre sa bouche que pour donner les oracles de Dieu.

Quand il parle, c'est pour toucher les cœurs. Les ongles efficaces ce sont des armes spirituelles avec lesquelles il fait l'offensive et la défensive. C'est un chrétien armé, équipé pour livrer la bataille à tout moment. Telle est ta nouvelle identité en choisissant de suivre Jésus-Christ.

11. L´AIGLE SE NOURRIT DE LA VIANDE FRAICHE

Contrairement à des rapaces comme vautours, charognards, l´aigle se nourrit que de ce qui est frais. S´il trouve un animal déjà mort, déjà tué, il détourne son regard. Il ne s´attaque que sur ce qui est vivant, afin de se nourrir de ce qui est frais. Le chrétien doit se nourrir de la parole du moment de l´heure, car la bible dit que Dieu renouvelle ses bontés chaque jour. Comprenez bien, le message est frais par l´action delà fraîche onction, et en plus les outres sont aussi nouvelles. En effet on ne met pas du bon vin dans des vielles outres. Le message que tu as écouté quand tu venais de te convertir reste valable, mais à l´âge spirituel que tu as aujourd´hui, tu dois manger la nourriture fraîche adaptée à ton année actuelle. Contrairement à ce qui est frais, ce qui a déjà une certaine durée de conservation s´avarie, et est un danger pour la santé.

12. LE PLUS GRAND ENNEMI DE L'AIGLE EST LE SERPENT

Il fuit toujours le serpent qui est l'image du péché. Le chrétien aigle a pour ennemi le péché ; il fuit le péché à l'exemple de Joseph devant la femme de Potifar.

Tu veux toujours garder ton identité, apprends à fuir le péché quelle que soit sa nature.

III.9. TU ES UNE BREBIS – UNE COLOMBE – SERPENT

Matthieu 10, 16 : « ***Voici, je vous envoie comme des brebis au milieu des loups. Soyez donc prudents comme les serpents, et simples comme les colombes.*** »
Pour assumer pleinement ton statut de brebis du Seigneur, il te faut :

1. te décider d'appartenir réellement et exclusivement à Dieu.

Le Seigneur Jésus-Christ n'est pas un voleur ou un mercenaire (Jean 10, 1). Il ne viendra pas s'occuper des brebis qui ne sont pas à Lui. Il ne s'impose à personne. Il déclare dans le livre d'Apocalypse 3, 20 « ***Voici, Je me tiens à la porte, et Je frappe. Si quelqu'un entend Ma voix, et ouvre la porte, J'entrerai chez lui, Je souperai avec lui, et lui avec Moi*** ». Le Seigneur se tient continuellement et inlassablement à la porte de ton cœur, espérant que tu Lui en donne accès. Ainsi, Il pourrait prendre soin de toi comme Il le désire, comme un vrai berger prend soin de sa brebis.

Comment Lui donner concrètement accès à ton cœur ?

Romains 10, 10 – 11 : « ***Car c'est en croyant du cœur qu'on parvient à la justice, et c'est en confessant de la bouche qu'on parvient au salut, selon ce que dit l'Ecriture: Quiconque croit en Lui ne sera point confus.*** »

Tu finis par Lui donner accès à ton cœur lorsque tu crois en Lui. Croire en Lui, c'est croire qu'Il t'aime, et qu'Il est mort pour tes péchés, pour te donner la vie. En croyant réellement en cela, tu es justifié(e) et en le confessant de ta bouche, tu parviens ainsi au salut. Si tu manifestes ton désir de Lui appartenir et Il viendra établir sa demeure en toi.

2. connaître la voix de Dieu et pas celle des mercenaires.

Dès que tu décides de donner ta vie à Christ, tu entres en relation avec Lui. Tu es pour commencer dans une relation de Sauveur-Racheté. Tu découvres le Royaume et apprends progressivement comment il fonctionne.

A cette étape, tu es facilement détourné(e) par des mercenaires. Il te faut grandir dans ta relation avec Dieu, à travers la méditation de la Parole et la prière. Tu t'habitueras ainsi à Sa présence et tu connaîtras Sa voix.

Là, tu sauras clairement la discerner au milieu de centaines de voix de mercenaires. Tu pourras entrer dans une relation de Berger-Brebis avec le Seigneur, car les brebis connaissent la voix de leur maître (Jean 10, 4) et peuvent ainsi répondre à Son appel, et le suivre.

3. marcher à Sa suite et accepter être conduit par Lui.

Les brebis ne connaissent pas le chemin, mais le maître Oui et Mieux, car déjà Lui-même est le chemin selon Jean 14, 6.

Aujourd'hui, nous chrétiens contemporains, sommes très impatients. Dieu ne va pas assez vite à notre goût. Nous sommes des brebis qui devançons le berger, pour ensuite accuser Dieu de n'avoir pas été avec nous.

Nous sommes des brebis qui estimons que les chemins qu'emprunte le berger sont trop pénibles, sinueux et escarpés. Nous connaissons des raccourcis et n'hésitons pas à les emprunter. Mais comme toujours, on se retrouve dans le gouffre pour notre malheur. Alors on comprend enfin à nos dépends et peut-être trop tard, que la brebis n'est pas plus intelligente que le berger.

4. *être* remplis d'humilité.

Les brebis sont humbles. Elles savent qu'elles ne sont rien sans le maître, le berger. Elles sont sensibles à sa voix pour savoir dans quelle direction aller. Elles se laissent diriger par sa houlette et ne raidissent pas le cou quand il leur intime l'ordre d'aller dans une direction donnée. Elles ne font pas des suggestions au berger dans le genre, « ***Sais-tu que l'herbe est plus verte de l'autre côté ?*** ». Oui l'herbe est peut-être plus verte de l'autre côté, mais c'est un poison. Lorsque Loth choisit la plaine verdoyante du Jourdain (Genèse 13, 11), il ne pouvait s'imaginer qu'il courait à sa perte. Hélas, « ***Telle voie paraît droite à un homme, mais son issue, c'est la mort.*** » (Proverbes 14, 12).

Les brebis le comprennent et elles sont dociles, dépendant en tout du berger. Sans une telle disposition de cœur, il te serait impossible de jouir des grâces que ***l'Éternel*** a en réserve pour Ses brebis.

5. accepter la correction.

Quand David dit ***«..ta houlette et ton bâton me rassurent»***, le bâton n'est pas là seulement pour frapper les ennemis qui s'attaqueraient au troupeau. Le bâton est là avant tout pour corriger la brebis dans sa marche. Lorsque la brebis se défait de la houlette du berger et s'entête à aller dans une marche contraire à celle prescrite par ce dernier, le bâton intervient pour la ramener dans le troupeau, sur le droit chemin.

Le bâton du berger ne sert pas à faire des caresses, c'est une évidence, mais c'est bien souvent la meilleure chose qui puisse arriver à la brebis. C'est pourquoi Job pouvait s'exclamer ***: « Heureux l'homme que Dieu châtie ! Ne méprise pas la correction du Tout-Puissant»***. (Job 5, 17) et le livre de Proverbes abonde dans le même sens ***: « Mon fils, ne méprise pas la correction de l'Eternel, et ne t'effraie point de Ses châtiments: car l'Eternel châtie celui qu'Il aime, comme un père l'enfant qu'il chérit. »*** (Proverbes 3, 11-12). Les brebis acceptent la correction et s'ajustent face aux coups donnés par le berger.

6. ne pas craindre le danger et ne s'inquiéter de rien.

« ***Quand je marche dans la vallée de l'ombre de la mort, je ne crains aucun mal, car Tu es avec moi*** ».

(Psaumes 23, 1-6)

Les brebis ne craignent pas le danger. Elles ne s'inquiètent de rien. Elles ont conscience de la présence du berger à leurs côtés et cela les rassure. Mais nous, avons-nous conscience de la présence de Dieu à nos côtés même dans les épreuves ? Combien de fois ne cédons-nous pas aux inquiétudes, aux soucis, à la dépression et au découragement quand les choses ne vont pas comme nous le voudrions ? Ce n'est pas une attitude digne d'une brebis du Seigneur. C'est pourquoi, la Bible nous exhorte dans Philippiens 4 verset 6 **:** « ***Ne vous inquiétez de rien; mais en toute chose faites connaître vos besoins à Dieu par des prières et des supplications, avec des actions de grâces*** ».

Les brebis ne s'inquiètent pas de ce qu'elles vont manger encore moins de quelle source elles vont boire. Cela concerne le berger qui les conduit. Elles savent qu'elles ne peuvent ajouter une quelconque coudée à leur vie par leurs inquiétudes (Mathieu 6, 27). Alors elles s'en remettent à la bonté du berger et acceptent dépendre entièrement de lui. C'est cet abandon total à Lui que Dieu attend de nous pour vraiment prendre soin de nous.

7. se rassasier dans les verts pâturages et ruminer ensuite.

S'il y a un trait qui caractérise singulièrement les brebis, c'est qu'elles ruminent. Lorsqu'elles sont conduites dans de verts pâturages, elles font des stocks de nourriture dans leur panse. Une fois au repos, elles font remonter cette nourriture et la mâchent maintenant pour la digérer. On dit qu'elles ruminent. Dieu veut que nous agissions de même avec Sa Parole. La Parole contient en elle-même le logos et le rhéma. Le logos c'est le sens littéral qu'on peut percevoir d'entrée lorsqu'on lit la Bible, mais le rhéma (parole révélée) ne vient qu'avec la méditation. La méditation est pour le chrétien ce que représente le fait de ruminer pour la brebis. Par ce procédé, nous faisons remonter dans notre esprit les paroles que nous avons lues ou entendues et nous cherchons la révélation qui s'y cache. En agissant ainsi, nous sommes de vraies brebis du Seigneur.

8. demeurer dans le troupeau.

Les brebis ont leur instinct grégaire très développé. Ceci les pousse à se rassembler, à rester ensemble et à adopter le même comportement. Elles évoluent en troupeau et ont les mêmes comportements de groupe. Elles suivent le berger ou la brebis à la tête, en groupe compact. Il est donc difficile pour les prédateurs de les attaquer.

Pour réussir à en dévorer quelques-unes, ils sont bien souvent obligés d'agiter le troupeau jusqu'à ce qu'il se disperse ou que certaines s'en éloignent. C'est la même stratégie que le diable utilise pour perdre des frères et sœurs au sein de l'église. C'est pourquoi le Seigneur nous interpelle fermement à ce sujet dans le livre des Hébreux chapitre 10 verset 25 : ***« N'abandonnons pas notre assemblée, comme c'est la coutume de quelques-uns; mais exhortons nous réciproquement,... »***. Notre adversaire le diable rôde comme un lion rugissant cherchant qui il dévorera (1 Pierre 5, 8). Pour cela, demeurons dans la communion, au sein du troupeau.

9. demeurer dans Sa présence tous les jours.

« Oui, le bonheur et la grâce m'accompagneront tous les jours de ma vie, et j'habiterai dans la maison de l'Eternel jusqu'à la fin de mes jours. »

La présence de Dieu dans notre cœur, dans notre vie, à nos côtés est notre bien le plus précieux. Comme David, faisons le vœu de demeurer dans Sa maison, dans Sa présence, tous les jours de notre vie.

10. engendrer des fils pour le Royaume.

Lorsque le berger prend soin de la brebis, la nourrit, la soigne, la protège jusqu'à ce qu'elle atteigne la maturité, en retour, elle doit procréer. Elle participe ainsi à agrandir et étendre le troupeau du maître. Elle réjouit son cœur et le rend riche et prospère. C'est ce que le Seigneur attend de nous lorsque nous venons à Lui. Nous sommes sauvés pour œuvrer à notre tour, pour que d'autres le soient également. Nous ne devons pas être des chrétiens ventripotents qui se prélassent au quotidien dans les églises pendant des années, sans avoir jamais engendré des fils pour le Royaume. Une brebis qui, à un âge donné n'engendre pas des petits, n'est pas rentable pour son maître. Or, souvenez-vous ! « ***Tout arbre qui ne porte pas de bons fruits est coupé et jeté au feu.*** » (Mathieu 7, 19) A la fin, Jésus-Christ a dit : « ***Allez et faites de toutes les nations de disciples.*** » Tel est son souhait dans de monter au ciel.

III.11. TU ES LA PRUNELLE DE L'ŒIL DE DIEU

Deutéronome 32, 10 : « ***Il l'a trouvé dans une contrée déserte, Dans une solitude aux effroyables hurlements; Il l'a entouré, il en a pris soin, Il l'a gardé comme la prunelle de son œil,*** »

Zacharie 2, 8 : « ***Car ainsi parle l'Éternel des armées: Après cela, viendra la gloire! Il m'a envoyé***

vers les nations qui vous ont dépouillés; Car celui qui vous touche, touche la prunelle de son œil. »

Psaumes 17, 8 : « ***Garde-moi comme la prunelle de l'œil ; Protège-moi, à l'ombre de tes ailes,*** »

De la même façon que tout homme protège jalousement la prunelle de son œil, cela est pareil pour notre Dieu, qui veille sur nous et ne laissera personne toucher ce qu'il protège jalousement.

III.12. TU ES UN JEUNE LION

Genèse 49, 9 : « ***Est un jeune lion. Tu reviens du carnage, mon fils! Il ploie les genoux, il se couche comme un lion, Comme une lionne: qui le fera lever?*** »
Nombres 23, 24 : « ***C'est un peuple qui se lève comme une lionne, Et qui se dresse comme un lion; Il ne se couche point jusqu'à ce qu'il ait dévoré la proie, Et qu'il ait bu le sang des blessés.*** » « ***Il ploie les genoux, il se couche comme un lion, comme une lionne: Qui le fera lever? Béni soit quiconque te bénira, Et maudit soit quiconque te maudira!*** » (Nombres 24, 9)

En fouillant dans les écritures, on découvre quelques caractéristiques d'un lion, à savoir :

1. *LA PUISSANCE*

Par sa puissance, Israël est comparable à un lion, « ***C'est un peuple qui se lève comme une lionne,***

Et qui se dresse comme un lion; Il ne se couche point jusqu'à ce qu'il ait dévoré la proie, Et qu'il ait bu le sang des blessés. » (Nombres 23, 24)

Jérémie 50, 44 ajoute : « ***Voici, tel qu'un lion, il monte des rives orgueilleuses du Jourdain Contre la demeure forte; Soudain je les en chasserai, Et j'établirai sur elle celui que j'ai choisi. Car qui est semblable à moi ? Qui me donnera des ordres? Et quel est le chef qui me résistera?*** »

2. *LE ROI DES ANIMAUX*

Pr 30:30 : « ***Le lion, le héros des animaux, Ne reculant devant qui que ce soit;*** »

Ezéchiel 19, 1-3 : « ***Et toi, prononce une complainte sur les princes d'Israël, et dis: Ta mère, qu'était-ce? Une lionne. Elle était couchée parmi les lions; C'est au milieu des lionceaux Qu'elle a élevé ses petits. Elle éleva l'un de ses petits, Qui devint un jeune lion, Et qui apprit à déchirer sa proie; Il dévora des hommes.*** »

Les rois comme les princes d'Israël dévorent les hommes, le sens est de les opprimer.

3. *LE VISAGE DE LION DE L'ANGE*

Ezéchiel 1, 10 et 14 : « ***Quant à la figure de leurs faces, ils avaient tous une face d'homme, tous***

quatre une face de lion à droite, tous quatre une face de bœuf à gauche, et tous quatre une face d'aigle. Chacun avait quatre faces; la face du premier était une face de chérubin, la face du second une face d'homme, celle du troisième une face de lion, et celle du quatrième une face d'aigle. »

Le visage de lion et de l'ange en même temps, est l'une des faces de l'ange à droite. Pour moi, ce sont les périodes sur le chemin de vie de l'évolution de l'ange. La puissance, la persévérance, l'intelligence, et l'ange qui survole tous les problèmes. Telle est ta nouvelle identité en donnant ta vie au seigneur Jésus-Christ.

4. RUGIR

Esaïe 21, 8 : « ***Puis elle s'écria, comme un lion: Seigneur, je me tiens sur la tour toute la journée, Et je suis à mon poste toutes les nuits*** »

Ce récit nous montre l'image la femme qui s'écria comme un lion, ou rugissait, pour montrer sa force et sa conviction. Telle est ta nouvelle identité de défendre tes convictions en Jésus-Christ.

Amos 3, 8 : « ***Le lion rugit: qui ne serait effrayé ? Le Seigneur, l'Eternel, parle: qui ne prophétiserait ?*** »

Lorsque tu défends tes convictions en Jésus-Christ, tout le monde est effrayé d'entendre ta voix.

III.13. TU ES UN PETIT DIEU

« ***J'avais dit: Vous êtes des dieux, Vous êtes tous des fils du Très-Haut. Cependant vous mourrez comme des hommes, Vous tomberez comme un prince quelconque.*** »

(Psaumes 82, 6-7)

Le mot hébreu traduit par dieux est *Élohim*, ce qui signifie littéralement « ***dieux ou êtres puissants*** »

Dans d'autre contexte le mot « ***Élohim*** » peut être traduit par « ***juges*** » *ou* « ***êtres puissants*** », comme s'il s'agissait simplement d'êtres humains puissants.

Selon le Psaumes 82 ci-haut, nous devons comprendre que Dieu est une famille. Il y a un Dieu (la famille de Dieu), et cette famille comprend plus d'un être divin. La famille divine, depuis le commencement, s'est composée de deux Êtres divins : Dieu et la Parole (Jean 1:1-3). La Parole a été faite chair en tant que Fils de Dieu, Jésus-Christ (Psaumes 82:14). Après sa vie et sa mort en tant qu'humain, Il ressuscita à une existence spirituelle, divine, comme « ***le premier né d'entre les morts*** » (Colossiens 1:18) et « ***le premier- né de beaucoup de frères*** » (Romains 8, 29).

De ce fait, Jésus naquit spirituellement lors de Sa résurrection en tant que le *premier* de beaucoup de *frères* ou de *fils* (lesquels naîtront plus tard).

Dès le commencement, il a effectivement été dans les intentions divines, d'ajouter beaucoup d'enfants à sa famille. Dans Genèse 1, après avoir créé toutes sortes de plantes et d'animaux devant se reproduire chacun « ***selon son espèce*** », Dieu dit : « ***Faisons l'homme à notre image, selon notre ressemblance*** » (Genèse 1, 26) et Genèse 5, 3 déclare qu'Adam « ***engendra un fils à sa ressemblance, selon son image, et lui donna le nom de Seth***». On comprend que Dieu se reproduisait en quelque sorte dans l'homme.

L'apôtre Paul dit aux Athéniens : «***car en lui nous avons la vie, le mouvement, et l'être. C'est ce qu'ont dit aussi quelques-uns de vos poètes: De lui nous sommes la race... Ainsi donc, étant la race de Dieu, nous ne devons pas croire que la divinité soit semblable à de l'or, à de l'argent, ou à de la pierre, sculptés par l'art et l'industrie de l'homme. Dieu, sans tenir compte des temps d'ignorance, annonce maintenant à tous les hommes, en tous lieux, qu'ils aient à se repentir,*** » (Actes 17, 28-30).

Donc, tout celui qui croit au seigneur Jésus-Christ est de la race du Dieu Tout-Puissant, chose qui n'est pas comparable aux pierres précieuses de la terre.

Au Psaumes 82 verset 6, le mot ***dieux*** est synonyme de « ***fils du Très-Haut*** ». C'est logique. Quand une créature se reproduit, sa progéniture lui ressemble.

Les petits des chats sont des chats. Les petits des chiens, des chiens. Les enfants des humains sont des humains eux aussi. Les enfants de Dieu, eux aussi, sont des *dieux*.

Tout celui qui donne sa vie au seigneur Jésus-Christ est entrain de subir un processus de reproduction spirituelle lors de laquelle Dieu nous engendre en tant que ses enfants. Cette reproduction débute avec Son Esprit qui vient s'ajouter à notre esprit humain : « ***L'Esprit lui-même rend témoignage à notre esprit que nous sommes enfants de Dieu*** » (Romains 8, 16). Par cette union miraculeuse, nous devenons « ***participants de la nature divine*** » (2 Pierre 1, 4).

D'où, tout chrétien engendré de l'Esprit est un enfant de Dieu, un membre de Élohim, la famille divine, mais pas encore dans toute la force du terme. Un processus de développement doit s'opérer en nous dans cette vie. Et quand celle-ci s'achèvera, lors de la résurrection, au retour du Christ, les vrais chrétiens seront transformés en des êtres spirituels divins comme le Père et Christ. L'apôtre Jean l'atteste : « ***Bien-aimés, nous sommes maintenant enfants de Dieu, et ce que nous serons n'a pas encore été manifesté; mais nous savons que, lorsqu'il paraîtra, nous serons semblables à lui, parce que nous le verrons tel qu'Il est*** » (1 Jean 3, 2).

III.14. TU ES LE TEMPLE DE L'ESPRIT DE DIEU

1 Corinthiens 3, 16-17 : « ***Ne savez-vous pas que vous êtes le temple de Dieu, et que l'Esprit de Dieu habite en vous? Si quelqu'un détruit le temple de Dieu, Dieu le détruira; car le temple de Dieu est saint, et c'est ce que vous êtes.*** »

III.15. TU ES L'EPOUSE DU CHRIST

Alors sois

- ***Vertueuse :***

Une femme est la couronne de son mari, Mais celle qui fait honte est comme la carie dans ses os. (Proverbes 12,4). Et elle a bien plus de valeur que les perles et le cœur de son marie a confiance en elle. (Proverbes 31, 10-31)

- ***Une vigne féconde :***

Ta femme est comme une vigne féconde Dans l'intérieur de ta maison; Tes fils sont comme des plants d'olivier, Autour de ta table. (Psaumes 128:3)

- ***Intelligente***

On peut hériter de ses pères une maison et des richesses, Mais une femme intelligente est un don de l'Éternel. (Proverbes 19:14)

- ***Soumise***

Elle est soumise au Christ.

Femmes, soyez soumises à vos maris, comme au Seigneur; (Éphésiens 5:22)

- ***Une reine***

Car l'action de la reine parviendra à la connaissance de toutes les femmes, (Esther 1:17).

- ***La fiancée de l'époux***

Je me réjouirai en l'Éternel, Mon âme sera ravie d'allégresse en mon Dieu; Car il m'a revêtu des vêtements du salut, Il m'a couvert du manteau de la délivrance, Comme le fiancé s'orne d'un diadème, Comme la fiancée se pare de ses joyaux. (Ésaïe 61, 10)

CONCLUSION

Le voyage était très long et instructif dans ce livre pour parvenir à découvrir ta vraie identité à travers le titre « ***Toi, qui es-tu ?*** »

Plusieurs ont répondu à cette question, mais chacun à sa manière, comme Lise Bourbeau, la fondatrice des éditions E.T.C, a développé le même titre, lui nous révèle une des grandes vérités spirituelles : « *tu es ce que tu vois, entends, dis, penses, ressens et mange. Comprendre cette loi et accepter que ce qui nous arrive est le reflet de nous-mêmes, nous permet de progresser, d'ouvrir notre cœur et de nous accomplir.* »

Nos frères africains en général et congolais en particulier répondent souvent à cette question en présentant au monde leurs valeurs au lieu de ce qu'ils sont réellement.

Cette question généralement mal répondue par plusieurs, a maintenant sa vraie réponse, qui est celle de ta vraie nature spirituelle avant et après avoir cru au seigneur Jésus-Christ, comme ton seigneur et ton sauveur, à la lumière des écritures.

Une fois cette action posée, tu obtiens une nouvelle identité et ton ancienne identité est effacée par le sang de Jésus. En Lui (Jésus), tu es un pécheur déjà pardonné ; tu es le plus que vainqueur, tu es le sel et la lumière du monde, tu es une brebis, tu es un aigle, tu es la prunelle de l'œil de Dieu, tu es un jeune lion qui fait peur au monde entier, tu deviens un petit dieu, tu es le temple de l'Eternel qui garde en toi sa puissance par le Saint-Esprit, tu es aussi son épouse.

En parcourant les écritures, je finis par comprendre que le titre de ce livre est encore à développer plus, je laisse aussi à ceux qui ont cette grâce de l'écriture de faire la suite ou si le Saint-Esprit nous instruit encore, nous écrirons le volume 2 de ce même titre.

BIBLIOGRAPHIE

1. A. Mary, « l'identité dédialectisée », Trickster, no 9, Padoue, septembre 2010.
2. Alain de Benoist, Nous et les autres. Problématique de l'identité, Paris, Krisis, 2006.
3. Anne-Marie Thiesse, *La construction des identités nationales : Europe* XVIIIe – XIXe *siècle*, Paris, Seuil, coll. « L'univers historique », 1999.
4. Bernard Debarbieux, « *Prendre position : réflexions sur les ressources et les limites de la notion d'identité en géographie* », L'Espace Géographique, t. 35, nos 2006/4, 2006.
5. Christophe André, François Lelord, *L'Estime de soi. S'aimer pour mieux vivre avec les autres*, Odile Jacob, 1998, 2002, 2007, 2008.
6. Christophe André, Imparfaits, libres et heureux: Pratiques de l'estime de soi, Odile Jacob, 2009
7. Daniel Lefeuvre et Michel Renard, Faut-il avoir honte de l'identité nationale ?, Larousse, 2008.
8. DI MEO, Guy et BULEON, Pascal, L'espace social. Lecture géographique des sociétés, Paris, Armand Colin, 2005, cité dans Petite 2011.
9. Dictionnaire de français, *Larousse*, édition 2008.
10. Edmond Marc Lipiansky, Psychologie de l'identité, Paris, Dunod, 2005.

11. Erikson, Erik. Adolescence et crise. La quête de l'identité. 1972.
12. FOURNY, Marie-Christine, Identités et dynamiques territoriales. Coopération, différenciation, temporalités. Thèse d'habilitation à diriger des recherches, Grenoble, Université Joseph-Fournier, 2005, p. 122, cité dans Petite 2011.
13. France Guérin-Pace et Yves Guermond, « *Identité et rapport au territoire* », L'Espace Géographique, t. 35, nos 2006/4, 2006.
14. Georges Guibal Histoire du sentiment national en France pendant la guerre de Cent ans, Éditions Sandoz et Fischbacher, Paris, 1875.
15. Gérard Noiriel, "L'identification des citoyens. Naissance de l'état civil républicain" dans État, nation et immigration. Vers une histoire du pouvoir, Paris, Gallimard, 2001.
16. Germain Duclos, L'Estime de soi un passeport pour la vie, Editions de l'Hôpital Sainte-Justine, 2011
17. Gilles Ferréol, *Dictionnaire de sociologie : (sous la direction de Gilles Ferréol)*, Paris, Armand Colin éditeur, 2010.
18. GLACKEN C.J., Histoire de la pensée géographique, Paris, CTHS, 2000-2005, 3 volumes, cité dans Debarbieux 2006.

19. Hajjat Abdellali Les frontières de l'« identité nationale ». L'injonction à l'assimilation en France métropolitaine et coloniale, La Découverte, Paris, 2012.

20. Hanna Malewska-Peyre, L'identité comme stratégie, in « Pluralité des cultures et dynamiques identitaires, Hommage à Carmel Camilleri », Jacqueline Costa-Lascoux, M-A Hily et G. Vermès (sous la dir. de), l'Harmattan, 2001.

21. Jean Monbourquette, De l'estime de soi à l'estime du soi : De la psychologie à la spiritualité, Novalis Canada, 2013

22. Jean-François Dortier, *Les sciences humaines : Panorama des connaissances*, Paris, Sciences Humaines Éditions, 1998.

23. Jean-Paul Codol, « *Une approche cognitive du sentiment d'identité* », Information sur les sciences sociales, Londres et Beverly Hills, Sage, vol. 1, no 20, 1981.

24. Laurent Licata, La théorie de l'identité sociale et la théorie de l'auto-catégorisation : le Soi, le groupe et le changement social [PDF] « *Revue Électronique de Psychologie Sociale* », 2007.

25. Le Monde avec AFP, « *Le débat sur l'identité nationale est "nécessaire" selon Sarkozy* », Le Monde, 12 novembre 2009.

26. Marcel Detienne, *L'identité nationale, une énigme*, Paris, Gallimard, coll. « Folio histoire », 2010.

27. Marie-Annick Mattiolli (dir.), L'« identité nationale » à l'épreuve des identités culturelles en Allemagne, en France, au Royaume-Uni. Une approche critique, Paris, L'Harmattan, 2013.
28. Michael Pollak, L'Expérience concentrationnaire, essai sur le maintien de l'identité sociale, Métailié, 2000.
29. Michael Pollak, Une Identité blessée, études de sociologie et d'histoire, Paris, A. M. Métailié, 1995.
30. Nathalie Heinich, États de femme. L'identité féminine dans la fiction occidentale, Collection NRF Essais, Gallimard, avril 1996
31. Nicolas Sarrasin, Qui suis-je ? Redécouvrir son identité, Montréal, Éditions de l'Homme, 2006.
32. Petit Dictionnaire de la Bible, 2e édition, Brepols 1992,
33. Tajfel H., Bilig M., Bundy R.P., Flament C., Social categorisation and intergroup behaviour, European Journal of Social Psychology , 1, 149-178 cité et traduit par Geneviève Vinsonneau, Inégalités sociales et procédés identitaires, Armand colin, Paris, 1999.
34. Vincent Martigny, Dire la France. Culture(s) et identités nationales, Paris, Presses de Sciences Po, 2016.
35. Yves Lacoste, Vive la nation. Destin d'une idée géopolitique, Éditions Fayard, Paris, 1998.

WEBOGRAPHIE

1. http://www.commposite.org/
2. https://bible.knowing-jesus.com/
3. https://fr.wikipedia.org/
4. https://histoireetcivilisation.com/
5. https://lesvoixdelapoesie.ca/
6. https://livre.fnac.com/
7. https://www.infochretienne.com/
8. https://www.larousse.fr/

AUTRES LIVRES DU MEME AUTEUR

1. DANIEL A BABYLONE EST L'IMAGE DE JESUS-CHRIST A NAZARETH.

2. L'IMPACT DES DERNIERES PAROLES D'UN MOURANT SUR LES VIVANTS OU LA GENERATION FUTURE.

3. LA PRIERE, UNE DES CLES DE LA REUSSITE CHEZ LES JUIFS.

4. LES REVES, UN MONDE PROPHETIQUE QUE LE MONDE IGNORE.

5. REVEILLE LE CHAMPION QUI DORT EN TOI. (VOL.1)

6. REVEILLE LE CHAMPION QUI DORT EN TOI. (VOL.2)

7. TOUS LES LIENS DE FAMILLE NE SONT PAS A BRISER.

MIX
Papier aus verantwortungsvollen Quellen
Paper from responsible sources
FSC® C105338

Printed by Books on Demand GmbH, Norderstedt / Germany